Britische

Zoll-Tarif-Acte

vom 20. August 1853

nebst

alphabetischem Register.

Berlin.

Druck und Verlag von Georg Reimer.

1853.

Im sechszehnten und siebzehnten Regierungsjahre der Königin Victoria.

Cap. CVI.

Acte, die Consolidirung der Zoll-Acte betreffend.

(20. August 1853.)

Ihre Majestät die Königin verordnet nach und mit dem Beirath und der Zustimmung der im gegenwärtigen Parlament versammelten geistlichen und weltlichen Lords und der Gemeinen und mit der Ermächtigung derselben, wie folgt:

I. In Stelle und statt aller andern Zoll-Abgaben und Zoll-Rückvergutungen sollen für Ihre Majestät, Ihre Erben und Nachfolger von Gütern, die in irgend einem Theil des vereinigten Königreichs eingeführt, oder aus irgend einem Theile desselben ausgeführt werden, diejenigen verschiedenen Zoll-Abgaben erhoben und eingezogen und es sollen diejenigen verschiedenen Zoll-Rückvergütungen bewilligt werden, welche in der, dieser Acte beigefügten Uebersicht (A) ausgeführt, beschrieben und verzeichnet sind.

II. Alle Manufacturen von Gibraltar, Malta und Helgoland aus Roherzeugnissen fremden Ursprungs, welche bei dem Eingange in das vereinigte Königreich Abgaben unterliegen und von welchen eine solche Abgabe nicht bezahlt worden, oder von welchen eine Rückvergütung solcher Abgaben in dem vereinigten Königreich bewilligt worden, sollen zum Zweck der Abgaben für das Erzeugnifs eines fremden Landes und von daher eingeführt gehalten und betrachtet werden.

III. Zur Erleichterung des richtigen Ansatzes der Abgaben von weifsem terrirtem (gedecktem) Zucker, oder von Zucker, der durch irgend ein Verfahren dem weifsen terrirten Zucker in Hinsicht auf Farbe, Kern und Zuckerstoff gleich gemacht worden, und von braunem terrirtem Zucker oder von Zucker, der durch irgend ein Verfahren dem braunen terrirten Zucker in der Qualität gleich gemacht worden, sollen die Zoll-Kommissarien von weifsem terrirtem und resp. von braunem terrirtem Zucker Musterproben beschaffen, und von Zeit zu Zeit erneuern, die als mafsgebende Musterproben zu dem Zweck betrachtet werden sollen, mit denselben die zur inländischen Consumtion declarirten Zucker zu vergleichen, und kein Zucker soll, was die Zahlung der Abgabe betrifft, als weifser terrirter Zucker oder als Zucker, der durch irgend ein Verfahren dem weifsen terrirten Zukker gleich gemacht worden, betrachtet werden, wenn er nicht dem Probemuster von weifsem terrirtem Zucker gleichet, und eben so soll kein Zucker als brauner terrirter Zucker oder als Zucker, der durch irgend ein Verfahren dem braunen terrirten Zucker gleich gemacht worden, betrachtet werden, wenn er nicht dem Probemuster von braunem Zucker gleichet.

IV. Anstatt aller Zoll-Abgaben, die gegenwärtig von der Einfuhr von Gütern in die Insel Man zahlbar sind, sollen für Ihre Majestät, Ihre Erben und Nachfolger diejenigen verschiedenen Abgaben erhoben, eingezogen und bezahlt werden, welche respektive in Zahlen in der, dieser Acte beigefügten Uebersicht (B) aufgeführt sind.

V. Die Kommissarien der Schatzkammer können von Zeit zu Zeit durch Verordnung unter ihrer Unterschrift erklären, dafs alle oder einzelne Artikel, die gesetzlich in die Insel Man eingeführt werden dürfen, die in der gedachten Uebersicht nicht aufgeführt sind, und welche mit der genannten Abgabe von funfzehn Pfund für jede hundert Pfund Werth hiermit belegt worden, von und nach einem in gedachter Verordnung festgesetzten Tage aus namhaft zu machenden Orten und in der darin erwähnten Art und Weise in die Insel Man abgabenfrei eingeführt werden können, und zwar für die Dauer der darin angegebenen Zeit, oder bis dahin, dafs eine solche Verordnung wieder aufgehoben wird, und solche Artikel sollen demgemäfs so lange zollfrei eingeführt werden, als eine solche Verordnung nicht aufgehoben wird. Und die gedachten Commissarien können zu jeder Zeit durch Verordnung unter ihrer Unterschrift eine solche Verordnung ganz oder theilweise für eine Zeitdauer oder in einer Weise widerrufen, wie es ihnen angemessen erscheint. Alle Verordnungen der Kommissarien der Schatzkammer, die in Verfolg der gegenwärtigen Anordnung erlassen werden, sollen in der Londoner und Dubliner Zeitung innerhalb wenigstens vierzehn Tagen von dem Datum derselben zweimal bekannt gemacht und eine Abschrift derselben soll beiden Häusern des Parlaments innerhalb sechs Wochen nach dem Datum derselben, wenn das Parlament zu der Zeit versammelt ist, und, wo nicht, innerhalb sechs Wochen nach dem Beginn der demnächstigen Sitzung des Parlaments vorgelegt werden.

VI. Und alle Waaren, die in der gedachten Uebersicht (A) als „frei" bezeichnet sind, sollen bei der Einfuhr derselben in das vereinigte Königreich abgabenfrei bleiben und die in der gedachten Uebersicht (B) als „frei" bezeichneten sollen bei ihrer Einfuhr in die Insel Man abgabenfrei bleiben.

VII. Das Meſsgeld, welches gegenwärtig von Obst zu entrichten ist, welches in die Häfen von London eingeführt wird, soll in Folge der Erhebung der Abgaben von Obst nach dem Scheffel (Bushel) nicht erhöhet werden.

VIII. Die gegenwärtige Acte soll von dem Zeitpunkt ihrer Annahme in Kraft treten und bei ihrer Erwähnung in andern Parlaments-Acten und in rechtskräftigen Instrumenten soll der Gebrauch des Ausdrucks „die Zoll-Tarif-Acte 1853" (The Customs Tariff Act, 1853) genügen.

Uebersicht (A).

Abgaben in der Anwendung auf das Vereinigte Königreich.

		£.	s.	d.
1.	Achate oder Carneole, gefaſst, für jede 100 £ Werth	10	0	0
	ungefaſste, geschnitten oder bearbeitet . . .		frei	
	nicht geschnitten oder bearbeitet		frei	
2.	Eiweiſs		frei	
3.	Ale s. Bier.			
4.	Alganobille-Saamen		frei	
5.	Alkali, auſser Barilla		frei	
6.	Alkanet-Wurzel		frei	
7.	Mandeln, auſser Jordans-Mandeln und bittere der Ctr.	0	10	0
	Jordans-Mandeln . . . . der Ctr.	0	10	0
	bittere		frei	
	Mandelteig . . . . das Pfd.	0	0	2
8.	Aloe		frei	

		£.	s.	d.
9. Alaun, Rocca-			frei	
außer Rocca			frei	
10. Bernstein, roh			frei	
Arbeiten daraus, soweit sie nicht namentlich aufgeführt sind (ausgenommen Perlen)			frei	
11. Ambra			frei	
12. Amboina-Holz			frei	
13. Anchovies s. Fische.				
14. Angelika			frei	
15. Thiere, lebende, nämlich:				
Esel			frei	
Ziegen			frei	
Ziegenlämmer			frei	
Ochsen und Stiere			frei	
Kühe			frei	
Kälber			frei	
Pferde (Hengste, Stuten, Wallachen, Füllen)			frei	
Maulesel			frei	
Schaafe			frei	
Lämmer			frei	
Schweine			frei	
Ferkel (Saug-)			frei	
16. Orleans			frei	
17. Spießglanz, nämlich:				
Erz			frei	
roh			frei	
Metall			frei	
18. Aepfel, roh	der Scheffel	0	0	3
aus und von britischen Besitzungen	der Scheffel	0	0	2
getrocknete	der Scheffel	0	1	0
19. Scheidewasser			frei	
20. Weinstein			frei	
21. Osterluzei			frei	
22. Arrowroot	der Ctr.	0	0	4½
23. Arsenik			frei	
24. Asche, nämlich:				
Perl- und Pot-			frei	
Seifen-			frei	
Kelp			frei	
Holzasche			frei	
nicht namentlich aufgeführt			frei	
25. Asphalt oder Judenpech			frei	
26. Speck			frei	
27. Balsame, nämlich:				
canadischer			frei	

		£.	s.	d.
	Copaivae		frei	
	peruvianischer		frei	
	Riga-		frei	
	Tolu-		frei	
	Balsam von Gilead und nicht namentlich aufgeführte Balsame		frei	
28.	Baumwollene Schnuren		frei	
29.	Barilla		frei	
30.	Borke (Rinden) zum Gebrauch für Gerber und Färber		frei	
	Cascarille		frei	
	peruvianische		frei	
	andere Arten		frei	
	Extrakte daraus, s. Extrakte.			
31.	Gerstengraupen . . . . der Ctr.	0	0	4½
32.	Rothholz (afrikanisches)		frei	
33.	Schwererde, schwefelsaure, gemahlen		frei	
34.	Korbruthen, geschälte		frei	
	ungeschälte		frei	
35.	Körbe, von der Art, welche gewöhnlich Berliner genannt wird . . . . . . der Kubikfuſs	0	0	7
	alle andern . . . . der Kubikfuſs	0	0	2
36.	Bastseile und Strähnen		frei	
37.	Perlen, künstliche, nämlich:			
	Arango . . . . das Pfd.	0	0	2
	Glasperlen und Tropfen		frei	
	Korallen- . . . . das Pfd.	0	1	6
	Krystal- . . . . das Pfd.	0	0	2
	Jagat . . . . das Pfd.	0	0	2
	nicht anderweit namentlich aufgeführt oder beschrieben . . . . das Pfd.	0	0	2
38.	Bohnen, Schmink- und wälsche, s. Sämereien.			
39.	Rindfleisch, gesalzenes		frei	
	frisches oder leicht gesalzenes		frei	
40.	Rindfleischholz		frei	
41.	Bier oder Ale . . . . das Faſs (Barrel)	1	0	0
	Mumme . . . . das Faſs (Barrel)	1	0	0
	Sprossen- . . . . das Faſs (Barrel)	1	0	0
	alle andre Gattungen . . . das Faſs (Barrel)	1	0	0
42.	Beeren, nämlich:			
	Lorbeeren		frei	
	Wacholder-		frei	
	Gelb-		frei	
	Myrobolanen		frei	
	nicht namentlich aufgeführt, gewöhnlich zum Gebrauch in der Chemie		frei	

		£.	s.	d.
	nicht namentlich aufgeführte, nicht gewöhnlich zum Gebrauch in der Chemie		frei	
43.	Vögel, nämlich Sing-Vögel		frei	
44.	Zwieback und Brod . . . . der Ctr.	0	0	4½
45.	Judenpech s. Asphalt.			
46.	Wichse		frei	
47.	Schwarzholz		frei	
48.	Blasen, thierische		frei	
49.	Knochen (ausgenommen Wallfischfinnen) gebrannt oder nicht gebrannt, oder als thierische Kohle		frei	
50.	Bücher, nämlich:			
	Ausgaben, die vor dem Jahre 1801 gedruckt sind, gebunden oder ungebunden		frei	
	Ausgaben, die in oder seit dem Jahre 1801 gedruckt sind, gebunden oder ungebunden, der Ctr.	1	10	0
	auf Verträge des internationalen Verlagsrechts oder aus und von einer britischen Besitzung	0	15	0
51.	Boraxsäure		frei	
52.	Borax, raffinirter		frei	
53.	Borax oder Tinkel, unraffinirter		frei	
54.	Flaschen, irdene und Steinzeug-		frei	
55.	Schachteln und Kästchen aller Art, ausgenommen die ganz oder theilweise aus Glas gefertigten, von welchen der besondere Glas-Zoll erhoben wird . . . . für jede 100 £ Werth	10	0	0
56.	Buchsbaumholz		frei	
57.	Kleie		frei	
58.	Messing, Waaren aus —, die nicht anderwärts namentlich aufgeführt sind . . . . . der Ctr.	0	10	0
	Messingpulver		frei	
	alles nur zum Umarbeiten geeignetes		frei	
	Draht		frei	
59.	Brasilienholz		frei	
60.	Jamaikaholz		frei	
61.	Backsteine (Mauerziegeln) oder Klinker, holländische		frei	
	andere Arten		frei	
62.	Schwefel, unraffinirter		frei	
	raffinirter, in Stangen		frei	
	Schwefelblumen		frei	
63.	Borsten, roh und in Bündeln u. in keiner Weise sortirt		frei	
	in irgend einer Weise sortirt oder nach Farben geordnet und nicht ganz roh oder in Bündeln		frei	
64.	Brocat, Gold- und Silber- . . . . . das Pfd.	0	5	0
65.	Bronce, alle Werke der Kunst		frei	
	Waaren aus —, oder aus broncirtem und lackirtem Metall . . . . der Ctr.	0	10	0

			£.	s.	d.
	Pulver			frei	
66.	Malerpinsel			frei	
67.	Metalle, edle in Barren, und fremde Gold- und Silbermünzen			frei	
68.	Binsen			frei	
69.	Butter	der Ctr.	0	5	0
	aus und von britischen Besitzungen	der Ctr.	0	2	6
70.	Knöpfe, metallene			frei	
	andere Gattungen			frei	
71.	Ankertaue (mit Ausnahme der Ankerketten) getheert oder ungetheert, alt und neu			frei	
72.	Cameen, ungefafste			frei	
73.	Kamillenblüthen			frei	
74.	Kampher, unraffinirter			frei	
	raffinirter			frei	
75.	Kamholz (afrikanisches Rothholz)			frei	
76.	Lichte, nämlich Spermaceti	der Ctr.	0	2	4
	Stearin-, bis zum 5. April 1858, wenn nicht schon früher die Abgabe vom Talg aufgehoben worden, in welchem Falle, oder nach dem 5. April 1858 diese Abgabe auf denselben Satz erniedrigt werden soll, wie Talglichte	der Ctr.	0	3	6
	Talg-	der Ctr.	0	2	4
	Wachs-	der Ctr.	0	2	4
77.	Lichtdochte			frei	
78.	Zimmet, weifser			frei	
79.	Rohr, nämlich: Bambus			frei	
	Bandrohr			frei	
80.	Schilfrohr			frei	
	Handstöcke und Rohre, beschlagen, bemalt oder sonst verziert	das 100	0	6	0
	Sonnen- u. Regenschirm-Stöcke (Stangen)	das 100	0	3	0
	Rohre oder Stöcke, nicht namentlich aufgeführt			frei	
81.	Spanische Fliegen			frei	
82.	Kautschuck			frei	
	Waaren daraus	das Pfd.	0	0	4
83.	Kapern, einschliefslich des Pökels	das Pfd.	0	0	1½
84.	Cardomomen			frei	
85.	Karten, nämlich Spielkarten	das Dutzend Spiele	0	15	0
86.	Karmin			frei	
87.	Wagen aller Art			frei	
88.	Fässer, leere			frei	
89.	Cassava-Pulver	der Ctr.	0	0	4½
90.	Cassia, nämlich: Blüthen			frei	
	Röhren-			frei	
	lignea	das Pfd.	0	0	1

		£.	s.	d.
91. Bibergeil			frei	
92. Abgüsse von Büsten, Statüen und Figuren			frei	
93. Baummoos			frei	
94. Caviar			frei	
95. Cedernholz			frei	
96. Kreide, nämlich: unverarbeitet			frei	
bereitet oder bearbeitet und nicht anderweit namentlich aufgeführt			frei	
97. Käse	der Ctr.	0	2	6
aus und von britischen Besitzungen	der Ctr.	0	1	6
Die Abgabe von Käse kommt nach dem Gewicht bei der Landung in Ansatz.				
98. Kirschen, frische	der Scheffel (Bushel)	0	0	2
getrocknete, bis zum 5. Juli 1854 einschliefslich	das Pfd.	0	0	2
von und nach dem 5. Juli 1854	das Pfd.	0	0	1½
99. Kirschbaumholz			frei	
100. Cichorien oder andere vegetabilische Erzeugnisse, anwendbar zum Gebrauch als Cichorien oder Kaffee, nämlich:				
geröstet (gebrannt) oder gemahlen	das Pfd.	0	0	4
roh oder gedörrt bis zum 10. Oktober 1854 einschliefslich	der Ctr.	0	4	0
von und nach dem 10. Oktober 1854			frei	
101. China-Wurzel			frei	
102. Porzellan, schlicht, bemalt, vergoldet und verziert	der Ctr.	0	10	0
103. Holz (Weiden) Spähne zum Flechten			frei	
104. Cider			frei	
105. Zinnober, natürlicher			frei	
106. Zimmt	das Pfd.	0	0	2
107. Kalk, citronensaurer			frei	
108. Citronensäure			frei	
109. Citronen, in Salz eingemacht			frei	
110. Civet			frei	
111. Uhren (nicht Taschenuhren) nämlich:				
den Werth von 5 s. jede nicht übersteigend, das	Dutzend	0	4	0
den Werth von 5 s. übersteigend, u. den Werth von 12 s. 6 d. jede nicht übersteigend,	das Dutzend	0	8	0
den Werth von 12 s. 6 d. übersteigend und den Werth von 3 £ jede nicht übersteigend,	jede	0	2	0
den Werth von 3 £ übersteigend und den Werth von 10 £ jede nicht übersteigend,	jede	0	4	0
den Werth von 10 £ jede übersteigend,	jede	0	10	0

			£.	s.	d.
112.	Näglein	das Pfd.	0	0	2
113.	Steinkohlen, Staubkohlen u. Steinkohlenasche			frei	
114.	Kobalt			frei	
	Erz			frei	
	Oxyd			frei	
115.	Cochenille			frei	
	Cochenille, Bruch			frei	
	Staub			frei	
116.	Cochenille-Holz			frei	
117.	Cacao	das Pfd.	0	0	1
	Hülsen und Schaalen	das Pfd.	0	0	½
	Teig oder Chokolade	das Pfd.	0	0	2
118.	Coculus indicus (Schwindelkörner)	der Ctr.	0	5	0
119.	Kaffee	das Pfd.	0	0	3
	gedörrt, geröstet (gebrannt) od. gemahlen,	d. Pfd.	0	0	4
120.	Coir-Taue und Strähnen			frei	
121.	Coloquinten			frei	
122.	Columbo-Wurzel			frei	
123.	Confituren, trockne bis zum 5. Juli 1854 einschliefslich,	das Pfd.	0	0	2
	von und nach dem 5. Juli 1854	das Pfd.	0	0	1½
124.	Confect, bis zum 5. Juli 1854 einschliefslich	das Pfd.	0	0	2
	von und nach dem 5. Juli 1854	das Pfd.	0	0	1½
125.	Kupfer, Erz			frei	
	Metall			frei	
	altes und zum Umarbeiten geeignetes			frei	
	unverarbeitetes, nämlich in Blöcken, Rosettenkupfer und alles gegossene Kupfer			frei	
	theilweise verarbeitet, nämlich in Stangen, Stäben und Zainen, gehämmert oder gezogen			frei	
	in Platten und Kupfermünze			frei	
	Draht			frei	
	Waaren daraus, die nicht anderweit namentlich aufgeführt oder genau bezeichnet sind, und gestochene Kupferplatten	der Ctr.	0	10	0
126.	Kupferwasser (Vitriol) blaues			frei	
	grünes			frei	
	weifses			frei	
127.	Korallen, nämlich Perlen (künstliche) s. diese.				
	in Stücken			frei	
	ganz polirt			frei	
	unpolirt			frei	
	Schmucksachen	das Pfd.	0	1	0
128.	Tauwerk, getheert und ungetheert			frei	
129.	Kork			frei	

		£.	s.	d.
130. Korkpfropfen, fertige	das Pfd.	0	0	6
viereckig geschnitten und zum Abrunden bestimmt	der Ctr.	0	8	0
zu Fischernetzen			frei	
131. Getreide, Körner und Mehl, nämlich:				
Weizen	der Quarter	0	1	0
Gerste	der Quarter	0	1	0
Hafer	der Quarter	0	1	0
Roggen	der Quarter	0	1	0
Erbsen	der Quarter	0	1	0
Bohnen	der Quarter	0	1	0
Mais oder indisches Korn	der Quarter	0	1	0
Buchweizen	der Quarter	0	1	0
Wintergerste	der Quarter	0	1	0
Weizenmehl	der Ctr.	0	0	4½
Gerstenmehl	der Ctr.	0	0	4½
Hafermehl und Grütze	der Ctr.	0	0	4½
Roggenmehl	der Ctr.	0	0	4½
Erbsenmehl	der Ctr.	0	0	4½
Bohnenmehl	der Ctr.	0	0	4½
Mais-Mehl	der Ctr.	0	0	4½
Buchweizen-Mehl	der Ctr.	0	0	4½
132. Kauries			frei	
133. Baumwollen-Waaren, nämlich:				
ostindische Stückgüter, nämlich:				
Calicos und Mousseline, weifse			frei	
gefärbte oder bunte			frei	
Nankings, nicht gefärbt oder bunt			frei	
gefärbt oder bunt			frei	
Schnupftücher, gefärbt oder bunt			frei	
Waaren, bestehend in Artikeln, die nicht ganz oder theilweise (zum Gebrauch) fertig und nicht anderweit mit einer Abgabe belegt sind			frei	
Baumwolle s. Wolle.				
Garn			frei	
Franzen	das Pfd.	0	0	2
Handschuhe, baumwollene oder zwirnene, das	Dutzend Paar	0	0	3
Strümpfe, baumwollene oder zwirnene, das	Dutzend Paar	0	0	6
Socken oder Halbstrümpfe, baumwollene oder zwirnene	das Dutzend Paar	0	0	3
baumwollene Manufaktur-Waaren, die ganz oder zum Theil zum Gebrauch fertig und nicht anderweit mit einer Abgabe belegt sind, für	jede 100 £ Werth	5	0	0

		£.	s.	d.
134. Preifselbeeren		frei		
135. Pastellstifte		frei		
136. Weinsteinrahm		frei		
137. Kristal, nämlich:				
roh		frei		
geschnitten oder verarbeitet, ausgenommen Perlen (künstliche)		frei		
138. Cubeben		frei		
139. Chili- (cubischer) Salpeter s. Salpeter.				
140. Gurken, nämlich in Salz eingemachte		frei		
141. Korinthen	der Ctr.	0	15	0
und 5 % von diesen				
142. Katechu		frei		
143. Daguerreotypplatten	das Pfd.	0	0	3
144. Datteln	der Ctr.	0	10	0
145. Diamanten		frei		
146. Würfel	das Paar	1	1	0
147. Dividivi		frei		
148. Dunen		frei		
149. Droguen, nicht namentlich aufgeführte		frei		
150. Erdgeschirr, nicht anderweit namentlich aufgeführt oder bezeichnet	der Ctr.	0	10	0
151. Ebenholz		frei		
152. Eier	die 120	0	0	4
aus und von britischen Besitzungen . .	die 120	0	0	2½
153. Fliederblüthen-Wasser		frei		
154. Stickereien und Nadelarbeiten, nämlich:				
seidener Tüll zur Imitation der Spitzen, mit der Nadel gemustert und Artikel daraus	das Pfd.	0	10	0
baumwollener Tüll zur Imitation der Spitzen, mit der Nadel gemustert und Artikel daraus	das Pfd.	0	8	0
Vorhänge, gewöhnlich schweizer genannt, auf Mousselin oder Tüll gestickt . .	das Pfd.	0	1	0
alle andere, nicht namentlich aufgeführte Stickereien	für jede 100 £	10	0	0
aus und von britischen Besitzungen	für jede 100 £	5	0	0
155. Schmelz		frei		
156. Sprossen-Essenz	für jede 100 £ Werth	10	0	0
157. Extrakt aus Cardomomen . .	für jede 100 £ Werth	20	0	0
Coculus indicus	für jede 100 £ Werth	20	0	0
Paradieskörnern	für jede 100 £ Werth	20	0	0
Süfsholz	für jede 100 £ Werth	20	0	0
Brechnufs	für jede 100 £ Werth	20	0	0
Opium	für jede 100 £ Werth	20	0	0

		£.	s.	d.
	spanischem Pfeffer . . . für jede 100 £ Werth	20	0	0
	Chinarinde . . . . für jede 100 £ Werth	20	0	0
	Quassia . . . . für jede 100 £ Werth	20	0	0
	Ratanha-Wurzel . . . . für jede 100 £ Werth	20	0	0
	Vitriol . . . . für jede 100 £ Werth	20	0	0
	Kastanienrinde oder Holz		frei	
	Quercitronrinde		frei	
	Campecheholz		frei	
	Safflor		frei	
	Borke (Rinde) oder andern vegetabilischen Substanzen, zum Gebrauch beim Gerben oder zu andern Fabrikzwecken		frei	
158.	Extrakt oder Präparat irgend eines Artikels, der nicht namentlich aufgeführt oder anderweit mit einer Abgabe belegt ist . . für jede 100 £ Werth	20	0	0
	oder und anstatt der obigen Abgabe nach der Wahl des Einbringers . . . . . das Pfd.	0	5	0
159.	Federn (Bett-) in Betten oder sonst		frei	
	Straufsfedern, zubereitet . . . . . das Pfd.	0	3	0
	unzubereitet		frei	
	Reifsvogelfedern, zubereitet . . . das Pfd.	0	3	0
	unzubereitet		frei	
	nicht anderweit namentlich aufgeführt oder bezeichnet, nämlich:			
	zubereitet . . . . das Pfd.	0	3	0
	unzubereitet		frei	
160.	Feigen . . . . der Ctr.	0	15	0
	und 5 % von diesen.			
161.	Feigenteig . . . . der Ctr.	0	15	0
162.	Fische, nämlich:			
	Anchovis		frei	
	Stockfisch		frei	
	Aale in Schiffladungen		frei	
	in kleinen Quantitäten		frei	
	Heringe		frei	
	Hummer		frei	
	Makrelen		frei	
	Austern		frei	
	Lachs		frei	
	Sohlen		frei	
	Meerspinnen und Zungen		frei	
	Steinbutten		frei	
	Schildkröten		frei	
	frische, nicht anderweit namentlich aufgeführte .		frei	
	gesalzene, nicht anderweit namentlich aufgeführte		frei	

		£.	s.	d.
163.	Flachs, zubereiteter		frei	
	roher oder unzubereiteter		frei	
	Werg (Heede) und Codillo		frei	
164.	Flock- oder Schurwolle zur Tapetenfabrikation .		frei	
165.	Wollflocken		frei	
166.	Blumen-Wurzeln und Zwiebeln		frei	
167.	Blumen, künstliche, aus Seide oder andern Materialien, nach Kubikfufs, nach der Verpackung ohne Vergütung für leeren Raum, . . . der Kubikfufs	0	12	0
168.	Rahmen zu Gemälden, Kupferstichen, Zeichnungen oder Spiegeln		frei	
169.	Obst, nämlich frisches, nicht anderweit namentlich aufgeführt . . . . der Scheffel (Bushel)	0	0	2
170.	(feine) Tischlerhölzer, die nicht namentlich aufgeführt sind, ausgenommen: Esche, Buche, Birke, Ulme, Eiche		frei	
171.	Gelbholz		frei	
172.	Gallus, pulverisirte		frei	
173.	Gallus		frei	
174.	Gummi gutti		frei	
175.	Garancine		frei	
176.	Granaten, geschliffen, ungefafst		frei	
	ungeschliffen		frei	
177.	Gaze, zwirnene		frei	
178.	Gelatine oder Gallentschöne		frei	
179.	Enzian		frei	
180.	Ingwer . . . . der Ctr.	0	10	0
	aus und von britischen Besitzungen . der Ctr.	0	5	0
	eingemachten, bis zum 5. Juli 1854 einschliefslich das Pfd.	0	0	2
	von und nach dem 5. Juli 1854 . . . das Pfd.	0	0	1½
181.	Ginseng (Kraftwurzel)		frei	
182.	Glas, nämlich:			
	Alle Arten Fensterglas, weifs oder einfarbig gefärbt (ausgenommen Platten oder gewalztes Glas), und (Lampen-) Schirme und Cylinder, bis zum 5. April 1855 einschliefslich der Ctr.	0	2	6
	von und nach dem 5. April 1855 bis zum 5. April 1857 einschliefslich . der Ctr.	0	1	6
	von und nach dem 5. April 1857		frei	
	geschnittenes (geschliffenes) Flintglas, farbiges Flintglas und verziertes Glas aller Art, der Ctr.	0	10	0
	Plattenglas, gegossen oder gewalzt, von jeder Stärke, belegt, polirt oder roh		frei	
	bemalt		frei	

		£.	s.	d.
	weifse Flintglas-Flaschen, nicht geschliffen, geschnitten oder sonst verziert		frei	
	Perlen und Tropfen, s. Perlen, künstliche.			
	Weingläser, Bier- und Wassergläser und alle andern weifsen Flintglaswaaren, nicht geschliffen, geschnitten oder sonst verziert . .		frei	
	Glasflaschen in Weidengeflecht (insofern das Glas nicht geschliffen ist) oder von grünem oder gemeinem Glas		frei	
	Artikel von grünem oder gemeinem Glas . . .		frei	
	Glaswaaren, die nicht anderweit namentlich aufgeführt oder bezeichnet sind und altes Bruchglas, nur zur Umarbeitung geeignet . . .		frei	
183.	Leim		frei	
	Abschnitzel und Abfälle aller Art, nur zur Leimfabrikation geeignet		frei	
184.	Gold, Blatt-		frei	
	Gold-Erz und Erz, dessen gröfserer Theil dem Werthe nach Gold ist		frei	
185.	Paradieskörner . . . . der Ctr.	0	15	0
186.	Trauben . . . . der Scheffel (Bushel)	0	0	2
187.	Fett		frei	
188.	Grieben für Hunde		frei	
	Talg-		frei	
189.	Guano		frei	
190.	Gummi, nämlich:			
	Animi		frei	
	Copal		frei	
	Arabisches		frei	
	Senegal-		frei	
	Lac Dye		frei	
	Lack in Körnern		frei	
	Schellack		frei	
	Stocklack		frei	
	Ammoniak		frei	
	Asafötida		frei	
	Euphorbium		frei	
	Gajak		frei	
	Kino		frei	
	Mastix		frei	
	Tragant		frei	
	nicht namentlich aufgeführt		frei	
191.	Schiefspulver		frei	
192.	Flintenschäfte, im rohen Zustande, hölzerne . .		frei	
193.	Gutta-Percha		frei	

		£.	s.	d.
	Waaren daraus, nicht in Formen geprefst, wie Bänder, Tafeln, Sohlen, Röhren . der Ctr.	0	5	0
	in Formen geprefste Artikel . . . das Pfd.	0	0	2
194.	Gyps		frei	
195.	Haare, nämlich:			
	Kameelhaare (Kämel) oder Wolle		frei	
	Kuh-, Ochsen-, Bullen- oder Elend-Haare . .		frei	
	Ziegenhaare oder Wolle, s. Wolle.			
	Pferdehaare		frei	
	Menschenhaare		frei	
	nicht namentlich aufgeführt		frei	
	Waaren aus Haaren oder Ziegenwolle, oder aus Haaren oder Ziegenwolle und irgend einem andern Material, nicht besonders namentlich aufgeführt oder anderweit mit einer Abgabe belegt . . . . . . für jede 100 £ Werth	5	0	0
196.	Schinken aller Art		frei	
197.	Harfen- und Lautensaiten, versilbert		frei	
198.	Herren- und Frauenhüte, nämlich:			
	aus Spahn . . . . das Pfd.	0	2	6
	aus Bast. Rohr oder Pferdehaar . . das Pfd.	0	2	6
	aus Stroh . . . . das Pfd.	0	2	6
	aus Filz, Haar, Wolle oder Biber . das Stück	0	1	0
199.	Hüte aus Seide oder seidenem Velpel, auf Filz, Leinen oder anderes Material gelegt das Stück	0	1	0
200.	Heu		frei	
201.	Heide zu Besen		frei	
202.	Nieswurz		frei	
203.	Hanf, nämlich:			
	zubereitet		frei	
	roh oder unzubereitet		frei	
	Werg (Heede) und Codille		frei	
	Jute		frei	
	andere vegetabilische Substanzen von der Natur und Eigenschaften des unzubereiteten Hanfs und zu denselben Zwecken anwendbar . .		frei	
204.	Häute, nicht loh- oder weifsgahr, oder in irgend einer Weise zugerichtet, trocken		frei	
	nafs		frei	
	weifsgahr in irgend einer Weise zugerichtet, nicht gefirnifst oder lackirt		frei	
	wenn gefirnifst oder lackirt		frei	
	Losch-Häute		frei	
	Juchten oder russisches Leder, oder Stücke da-			

		£.	s.	d.
	von, lohgahr, farbig, geschabt oder in anderer Art zugerichtet		frei	
	Häute oder Stücke davon, roh oder unzugerichtet, nicht namentlich aufgeführt		frei	
	in irgend einer Art zugerichtet, nicht namentlich aufgeführt		frei	
	Büffel-, Bullen-, Kuh- oder Ochsenschwänze .		frei	
	lohgahr, nicht anderweit zugerichtet . . .		frei	
205.	Wetz- und Abziehsteine		frei	
206.	Honig		frei	
207.	Thierhufe und Klauen		frei	
208.	Reifen von Holz, s. Holz.			
209.	Hopfen . . . . der Ctr.	2	5	0
210.	Hörner, Hornspitzen und Hornstücke . . .		frei	
211.	Eis		frei	
212.	Indigo		frei	
213.	(Dinte) Buchdruckerschwärze		frei	
	Tusche		frei	
214.	Senkelband, unverarbeitet		frei	
	verarbeitet		frei	
215.	Eisen, Erz		frei	
	in Gänsen oder Masseln		frei	
	in Stangen, unverarbeitet		frei	
	Draht		frei	
	rohe Gufswaaren		frei	
	Eisen in Deulen		frei	
	chromsaures Eisen		frei	
	gespalten oder in Stäbe geschmiedet		frei	
	gegossen		frei	
	Reifen		frei	
	altes Brucheisen und altes Gufseisen		frei	
216.	Eisen und Stahl, verarbeitet, nämlich:			
	Maschinen, verarbeitetes Gufseisen, Werkzeuge-, Messerschmidts- und andere Waaren aus Eisen und Stahl, die nicht namentlich genannt sind der Ctr.	0	2	6
	verzierte Mode- und Geschmacks-Artikel aus Eisen und Stahl . . . . der Ctr.	0	15	0
217.	Hausenblase		frei	
218.	Jalape		frei	
219.	Lackirte Waaren . . . . für jede 100 £ Werth	10	0	0
220.	Jagat		frei	
221.	Juwelen, Smaragde und andere Edelsteine, gefafst für jede 100 £ Werth	10	0	0
	ungefafst		frei	

		£.	s.	d.
222.	Citronen-, Limonen- und Orangensaft . . .		frei	
223.	Kerne, s. Nüsse.			
224.	Königsholz		frei	
225.	Spitzen und Waaren daraus, nämlich:			
	aus Kämel- oder Kammgarn . . . . das Pfd.	0	1	0
	mit der Hand gemachte Zwirn- oder baumwollene Spitzen (nicht Brüsseler oder sächsische geklöppelte) nicht über 1 Zoll breit das Pfd.	1	0	0
	über 1 Zoll breit das Pfd.	2	0	0
	seidene, mit der Hand gemachte Spitzen (nicht sächsische Spitzen mit Petinetgrund) u. Stickereien auf Spitzen . . . . das Pfd.	1	10	0
	sächsische Spitzen mit Petinetgrund und alle unter dem Namen malteser bekannte Spitzen das Pfd.	0	8	0
	Brüsseler und andere, mit der Hand gearbeitete Spitzen, die nicht anderweit mit einer Abgabe belegt sind für jede 100 £ Werth	10	0	0
226.	Lackirte Waaren s. No. 219.			
227.	Rufs		frei	
228.	Galmei		frei	
229.	Speck		frei	
230.	Messing		frei	
	in Blechen		frei	
	Draht		frei	
231.	Lavendelblüthen		frei	
232.	Blei, Erz		frei	
	Reifsblei		frei	
	in Blöcken und gewalzt		frei	
	Mennige		frei	
	Bleiweifs		frei	
	chromsaures Blei		frei	
	Bleiwaaren, die nicht anderweit namentlich aufgeführt sind . . . . der Ctr.	0	2	0
233.	Lederwaaren, nämlich:			
	Stiefeln, Schuhe und Galoschen, nämlich:			
	Frauenstiefeln u. Galoschen, das Dutzend Paar	0	6	0
	wenn sie mit Pelzwerk gefüttert oder besetzt oder sonst besetzt sind, das Dutzend Paar	0	7	6
	Schuhe mit Kork- oder Doppelsohlen, gesteppte Schuhe und Ueberschuhe, das Dutzend Paar	0	5	0
	wenn sie mit Pelzwerk besetzt oder gefüttert oder sonst besetzt sind, das Dutzend Paar	0	6	0
	Frauenschuhe von Seide, Atlas, Serge de Berry			

2

	£.	s.	d.
oder andern Zeugwaaren, Ziegenleder, Maroquin oder anderem Leder, das Dutzend Paar	0	4	6
wenn sie mit Pelzwerk besetzt oder gefüttert oder sonst besetzt sind, das Dutzend Paar	0	5	0
Mädchenstiefeln, Schuhe und Galoschen, nicht über sieben Zoll lang, sind mit zwei Dritteln der obigen Abgabe zu belegen.			
Männerstiefeln und Schuhe:			
wenn die Quartiere nicht über zwei und drei Viertel Zoll, oder das Oberleder von der Sohle im Innern gemessen nicht über vier Zoll hoch ist . . . . das Dutzend Paar	0	7	0
wenn Quartiere oder Oberleder das vorstehende Maafs übersteigt, aber, von der Sohle im Innern gemessen, nicht über sechs Zoll Höhe beträgt . . . . . . das Dutzend Paar	0	10	6
wenn Quartiere oder Oberleder, von der Sohle im Innern gemessen, nicht über sechs Zoll Höhe betragen . . . . das Dutzend Paar	0	14	0
Knabenstiefeln, nicht über sieben Zoll lang, das Dutzend Paar	0	9	4
Schuhe, nicht über sieben Zoll lang, das Dutzend Paar	0	4	8
Vordertheile zu Stiefeln, nicht über neun Zoll hoch . . . . das Dutzend Paar	0	1	9
über neun Zoll hoch . . das Dutzend Paar	0	2	9
Hintertheile zu Stiefeln . . das Dutzend Paar	0	1	6
ganz zugeschnitten . . . . der Ctr	0	10	0
lederne Handschuhe, folgende Abgaben, mit 5 % Zuschlag zu denselben:			
Reithalbhandschuhe . . . das Dutzend Paar	0	2	4
Reithandschuhe . . . . . das Dutzend Paar	0	3	6
Männerhandschuhe . . . . das Dutzend Paar	0	3	6
Frauen-Handschuhe oder Halbhandschuhe, das Dutzend Paar	0	4	6
Waaren aus Leder, oder andere Waaren, an denen Leder der werthvollste Theil ist, die nicht anderweit namentlich aufgeführt oder bezeichnet sind, ... für jede 100 £ Werth	10	0	0
234. Blattgold, s. Gold.			
235. Rosenblätter		frei	
236. Blutigel		frei	
237. Linsen, s. Sämereien.			
238. Lignum vitae		frei	

		£.	s.	d.
239.	**Leinene und leinene u. baumwollene Waaren,** nämlich:			
	Batist-Taschentücher, gesäumt, nicht besetzt (garnirt) . . . . das Dutzend	0	2	6
	Schnürleiber . . . . das Dutzend	0	4	0
	Waaren aus Leinen oder aus Leinen mit Baumwolle oder Wolle gemischt, ganz oder theilweise im fertigen Zustande, nicht besonders namentlich aufgeführt oder anderweit mit einer Abgabe belegt, . . . für jede 100 £ Werth	5	0	0
	Batist und Batistleinewand, sogenannte französische, schlicht		frei	
	geränderte Taschentücher		frei	
	Batistleinwand aller Art, nicht französische . .		frei	
	Damast		frei	
	Damast (gemodelter) Zwillich		frei	
	Seegel aller Art		frei	
	schlichte Leinen und Zwillich, carrirt oder gestreift, mit oder ohne gefärbtes Garn . . .		frei	
	Waaren aus Leinen oder aus Leinen mit Baumwolle oder Wolle gemischt, die nicht besonders namentlich aufgeführt oder anderweit mit einer Abgabe belegt sind, und die nicht in Artikeln bestehen, welche ganz oder zum Theil fertig sind		frei	
240.	**Süfsholz-Teig** . . . . der Ctr.	1	0	0
	aus und von britischen Besitzungen der Ctr.	0	10	0
	Süfsholz, gemahlen . . . . der Ctr.	1	0	0
	aus und von britischen Besitzungen der Ctr.	0	15	0
	Süfsholzwurzel, bis zum 5. April 1857 einschliefslich, ... der Ctr.	0	5	0
	von und nach dem 5. April 1857		frei	
	Süfsholzsaft (Lakritzen) . . . . der Ctr.	1	0	0
241.	**Glätte**		frei	
242.	**Geschöpfe,** lebende, zur Erläuterung der Naturgeschichte		frei	
243.	**Campecheholz**		frei	
244.	**Zündhölzchen,** in Schachteln, die nicht mehr als 100 Stück enthalten, das Gros Schachteln	0	0	2
	in Schachteln, die mehr als 100 Stück enthalten, das Gros Schachteln	0	0	3
	Vesta-Zünder von Wachs, in Schachteln, die nicht über 1000 Stück enthalten, d. Dutzd. Schachteln	0	0	6
	in Schachteln mit mehr als 1000 Stück, das 1000 Stück	0	0	½

		£.	s.	d.
245.	Maccaroni, s. Nudeln.			
246.	Macis . . . . das Pfd.	0	1	0
247.	Krapp	frei		
	Wurzel	frei		
248.	Terracotta-Waaren	frei		
249.	Mahagony	frei		
250.	Mandioca-Mehl . . . . der Ctr.	0	0	4½
251.	Braunstein-Erz	frei		
252.	Manna	frei		
253.	Manna-Croup . . . . der Ctr.	0	0	4½
254.	Dünger, nicht namentlich aufgeführt	frei		
255.	Manuscripte	frei		
256.	Land- und Seekarten, oder Theile davon, schlicht oder colorirt	frei		
257.	Ahornholz	frei		
258.	Obstmufs, bis zum 5. Juli 1854 einschliefslich das Pfd.	0	0	2
	von und nach dem 5. Juli 1854 . . . das Pfd.	0	0	1½
259.	Matten	frei		
260.	Matratzen	frei		
261.	Meth	frei		
262.	Fleisch, gesalzenes oder frisches, nicht anderweit bezeichnet	frei		
	in anderer Weise, als mit Salz eingemacht . .	frei		
263.	Medaillen, goldene und silberne	frei		
	alle andere	frei		
264.	Mispeln . . . . der Scheffel (Bushel)	0	0	2
265.	Quecksilberpräparate	frei		
266.	Metall, Glocken-	frei		
	Blatt-Metall	frei		
267.	Pappdeckel, starke, für Buchbinder . . das Pfd.	0	0	2½
268.	Mineralien und Fossilien, die nicht namentlich aufgeführt sind	frei		
269.	Modelle von Kork oder Holz	frei		
270.	Morphin und Morphinsalze . . . . das Pfd.	0	5	0
271.	Moose, nämlich:			
	isländisches Moos	frei		
	Orseille zur Färberei	frei		
	andere Arten	frei		
272.	Perlen-Mutterschaalen	frei		
273.	Musikalische Instrumente, nämlich:			
	Musikdosen, kleine, nicht über 4 Zoll lang, die Melodie	0	0	3
	grofse . . . . die Melodie	0	0	8
	Ouvertüren oder Extra-Accompagnements die Melodie	0	2	6

		£.	s.	d.
	Pianofortes, Flügel . . . . Stück	3	0	0
	stehende (Pianinos) und tafelförmige, Stück	2	0	0
	Harmoniums oder Seraphinen, nicht über drei Züge . . . . Stück	0	12	0
	von vier Zügen und nicht über sieben Züge, Stück	1	4	0
	von acht Zügen und nicht über elf Züge, Stück	1	10	0
	von mehr als elf Zügen . . . . . Stück	2	0	0
	Accordions, sogenannte chinesische, die 100 Noten	0	1	0
	andere Arten, einschliefslich Flautina's und gewöhnliche deutsche Concertinas die 100 Noten	0	5	0
	Concertinas, achteckige nicht gewöhnliche deutsche, ... Stück	0	4	0
	Messinginstrumente . . . . das Pfd.	0	0	9
	musikalische Instrumente, nicht anderweit namentlich aufgeführt oder bezeichnet, für jede 100 £ Werth	10	0	0
274.	Moschus		frei	
275.	Mostrich, in Pulver . . . . der Ctr.	0	1	6
	gemischt oder bereitet, ausgenommen pulverisirt . . . . der Ctr.	0	5	0
276.	Myrobolanen, s. Beeren.			
277.	Myrrhen		frei	
278.	Naphtha		frei	
279.	Neuseeland-Holz		frei	
280.	Nicaragua-Holz		frei	
281.	Nickel-Erz		frei	
	im metallischen Zustande und Oxid. raffinirt .		frei	
	arseniksaurer Nickel, in Stücken und Pulver u. im unraffinirten Zustande		frei	
282.	Salpeter, nämlich Chilisalpeter		frei	
283.	Macisnüsse, ausgenommen die sogenannten wilden, das Pfd.	0	1	0
	wilde in der Schaale . . . . . . das Pfd.	0	0	3
	nicht in der Schaale . . . . . . das Pfd.	0	0	5
284.	Nüsse, nämlich:			
	Kastanien		frei	
	Cocosnüsse		frei	
	Pistaziennüsse		frei	
	Kleine Nüsse . . . . . . der Scheffel (Bushel)	0	1	0
	Wallnüsse . . . . der Scheffel (Bushel)	0	1	0
	Nüsse und Kerne von Wallnüssen, Pfirsichsteinen, und alle Nüsse und Kerne, die nicht nament-			

			£.	s.	d.
	lich aufgeführt und gewöhnlich zur Oelfabrikation dienen			frei	
	Nüsse und Nufskerne, die nicht namentlich aufgeführt sind			frei	
285.	Brechnufs	der Ctr.	0	2	0
286.	Kalfaterwerg			frei	
287.	Ocher			frei	
288.	Oel, Mandel-	das Pfd.	0	0	1
	thierisches			frei	
	Lorbeer-	das Pfd.	0	0	1
	Castor- (Rhicinus-)			frei	
	chemische, ätherische oder wohlriechende:				
	Bergamot-	das Pfd.	0	1	0
	Kümmel-	das Pfd.	0	1	0
	Cassia-	das Pfd.	0	1	0
	Nelken-	das Pfd.	0	1	0
	Lavendel-	das Pfd.	0	1	0
	Limonen-	das Pfd.	0	1	0
	Münz- und Frauen-Münz	das Pfd.	0	1	0
	Rosenöl	das Pfd.	0	1	0
	Pfeffermünz-	das Pfd.	0	1	0
	Spiek-	das Pfd.	0	1	0
	Thymian-	das Pfd.	0	1	0
	nicht namentlich aufgeführtes	das Pfd.	0	1	0
	Cacao-Oel (Butter)			frei	
	Hanf-			frei	
	Speck-			frei	
	Lein-			frei	
	Oliven-			frei	
	Palm-			frei	
	Paran-			frei	
	Raps-			frei	
	Berg-			frei	
	Harz-			frei	
	Sämereien, nicht namentlich aufgeführt			frei	
	Fischthran oder Wallfischspeck			frei	
	Spermaceti			frei	
	Wallnufs-			frei	
	Terpenthinöl oder Spiritus			frei	
	nicht besonders namentlich aufgeführt oder bezeichnet oder anderweit mit einer Abgabe belegt			frei	
289.	Oelkuchen			frei	
290.	Wachstuch zu Tischdecken	die □Yard	0	0	1
291.	Olibanum			frei	
292.	Oliven			frei	

		£.	s.	d.
293.	Olivenholz	frei		
294.	Zwiebeln . . . . der Scheffel (Bushel)	0	0	1
295.	Opium . . . . das Pfd.	0	1	0
296.	Orangeblüthwasser	frei		
297.	Orangen und Limonen . . der Scheffel (Bushel)	0	0	8
	Schalen, nämlich:			
	Orangenschalen	frei		
	Limonenschalen	frei		
298.	Weinstein	frei		
299.	Erz, nicht namentlich aufgeführt	frei		
300.	Auripigment	frei		
301.	Schwertelwurzel	frei		
302.	Flitter- oder Knistergold	frei		
303.	Malerfarben, nicht namentlich aufgeführte:			
	unbereitete	frei		
	bereitete	frei		
304.	Palmetto zur Bedachung	frei		
	Waaren aus	frei		
305.	Papier, nämlich:			
	braunes Papier, nur aus altem Tauwerk u. ohne Reinigung von Pech und Theer u. ohne Beimischung anderer Materialien gefertigt, das Pfd.	0	0	2½
	bedruckte, gemalte oder gefärbte, auch veloutirte Papiertapeten . . . . die □Yard	0	0	1
	Maculatur oder Papier aller andern Art, nicht besonders namentlich aufgeführt oder bezeichnet und nicht anderweit mit einer Abgabe belegt . . . . das Pfd.	0	0	2½
	vergoldetes, gefärbtes, buntes, geprefstes Papier und alle Gattungen, nicht zu den Tapeten gehörige Luxuspapiere . . . . . das Pfd.	0	0	2½
306.	Pergament	frei		
307.	Rebhuhnholz	frei		
308.	Pappdeckel . . . . das Pfd.	0	0	2½
309.	Perlen	frei		
310.	Birnen, frische . . . . . . der Scheffel (Bushel)	0	0	3
	getrocknete . . . . . der Scheffel (Bushel)	0	1	0
311.	Stifte, Schiefer-	frei		
	andere Zeichenstifte	frei		
312.	Schreibfedern	frei		
313.	Pfeffer aller Art . . . . das Pfd. und 5 % darüber.	0	0	6
314.	Zündhütchen . . . . das 1000 Stück	0	0	1

		£.	s.	d.
315.	Parfümerien, nicht anderweit namentlich aufgeführt das Pfd.	0	0	2
316.	Birnwein		frei	
317.	Zinngiefserwaaren, nicht anderweit namentlich aufgeführt . . . . der Ctr.	0	2	0
318.	Phosphor		frei	
319.	Gartenfrüchte, in Essig eingemacht, die Gallon	0	0	1
	in Salz eingemacht		frei	
320.	Gemälde		frei	
321.	Piment . . . . der Ctr.	0	5	0
322.	Nelkenwurzel (maryländische)		frei	
323.	Tabackspfeifen, thönerne, s. No. 430.			
324.	Pech		frei	
	Burgunderharz		frei	
325.	Pisang		frei	
326.	Pflanzen, Sträucher und Bäume, lebende . .		frei	
327.	Stuck-Gips		frei	
328.	Geschirr, Gold- . . . . die Unze Troygewicht	1	1	0
	Silber-, vergoldet oder unvergoldet, die Unze Troygewicht	0	1	8
	altes in Bruch		frei	
329.	Platina und Platinaerz		frei	
330.	Flechtwerk oder andere Waaren aus Stroh, Spahn, oder anderen Materialien, die zur Verfertigung und Verzierung von Herren- und Frauenhüten gebräuchlich oder geeignet, nicht anderweit namentlich aufgeführt und mit einer Abgabe belegt sind . . . . das Pfd.	0	2	0
	geflechtete Schnure und Bänder von Stroh oder andern Materialien . . . . das Pfd.	0	0	6
	geflochtene Decken von Weidenholz (Spahnplatten) das Dutzend	0	0	1
331.	Pflaumen, sogenannte französische Pflaumen und Prünellen . . . . der Ctr.	0	15	0
	getrocknet oder eingemacht (ausgenommen in Zucker) nicht anderweit bezeichnet der Ctr.	0	15	0
	in Zucker eingemacht, bis zum 5. Juli 1854 einschliefslich . . . . das Pfd.	0	0	2
	von und nach dem 5. Juli 1854 . . . das Pfd.	0	0	1½
332.	Weizenkleie		frei	
333.	Pommade . . . . das Pfd.	0	0	2
334.	Granatäpfel		frei	
	Granatäpfelschalen		frei	
335.	Schweinefleisch, gesalzenes (aufser Schinken) .		frei	
	frisches		frei	

			£.	s.	d.
336.	Kartoffeln			frei	
337.	Kartoffelmehl	der Ctr.	0	0	4½
338.	Töpfe, nämlich:				
	Schmelztiegel für Goldschmiede			frei	
	von Steinzeug			frei	
339.	Geflügel und Wildpret, lebend oder todt, einschliefslich Kaninchen			frei	
340.	Puder, nämlich:				
	Haarpuder	das Pfd.	0	0	2
	wohlriechender	das Pfd.	0	0	2
	nicht anderweit namentlich aufgeführter oder bezeichneter, der zum Gebrauch als Stärke dient	der Ctr.	0	0	4½
341.	Kupferstiche, Lithographien, Holzschnitte und Zeichnungen, nämlich schlicht oder colorirt	das Pfd.	0	0	3
	unter Verträgen des internationalen Verlagsrechts zugelassen	das Pfd. zu	0	0	1½
342.	Zwetschen (getrocknete Pflaumen)	der Ctr.	0	7	0
343.	Blausaure Potasche (blausaures Kali)			frei	
344.	Würste, s. Fleischwürste 378.				
345.	Purpurholz			frei	
246.	Quassia	der Ctr.	0	1	0
347.	Quecksilber			frei	
348.	Federposen von Gänsen			frei	
	- Schwänen			frei	
349.	Quitten	der Scheffel (Bushel)	0	0	3
350.	Chinin, schwefelsaures	die Unze	0	0	6
351.	Wurzeln (medicinische) Contrayerva			frei	
	Enula Campana			frei	
	Eringius			frei	
	Ipecacuanha			frei	
	Ratanha			frei	
	Seneca			frei	
	Serpentaria oder Schlangenwurz			frei	
352.	Lumpen (Hadern) nämlich:				
	Lumpen, alte Taue und Tauenden, alte Fischernetze, die nur zur Verfertigung von Papier und Pappdeckeln geeignet sind			frei	
	wollene Lumpen			frei	
	Lumpenbrei (Papierzeug)			frei	
353.	Rosinen, grofse (Cibeben)	der Ctr.	0	10	0
354.	Traubenkämme			frei	
355.	Rothholz oder Guineaholz			frei	
356.	Rhabarber			frei	

		£.	s.	d.
357.	**Reis**, nämlich:			
	nicht roh oder in der Hülse . . . . der Ctr.	0	0	4½
	roh und in der Hülse . . . . . der Quarter	0	0	9
	Staub zur Viehfütterung		frei	
	Bei der Ausfuhr fremden Reises oder Paddy (ungeschälten Reises) aus dem vereinigten Königreich, welcher letztere in demselben gereinigt oder geschält und wovon bei der Einfuhr die darauf haftende Abgabe gezahlt worden, soll, wenn solcher innerhalb eines Kalendermonats nach gedachter Abgabenzahlung in eine amtliche Niederlage gebracht worden und daselbst bis zur Zeit der Ausfuhr gelagert hat und nachdem der Exporteur die Erklärung abgegeben, dafs dergleichen Reis aus rohem Reis oder Paddy, wovon die Abgabe bezahlt worden, geschält sei, für jeden Centner desselben ein Rückzoll, welcher dem Betrage der Abgaben von vier Scheffeln (Bushels) des rohen Reises oder Paddy, aus welchem derselbe geschält worden, gleich ist, bewilligt und gezahlt werden.			
358.	**Rosenwasser**		frei	
359.	**Rosenholz**		frei	
360.	**Harz**		frei	
	Harzöl, s. Oel.			
361.	**Bleizucker**		frei	
362.	**Safflor**		frei	
363.	**Saffran**		frei	
364.	**Sago** . . . . der Ctr.	0	0	4½
365.	**Salze** (chemische).			
	Ammoniak		frei	
	Sal Limonum		frei	
	Sal prunellae		frei	
366.	**Salep**		frei	
367.	**Salicin** . . . . die Unze	0	0	3
368.	**Salz** (Kochsalz)		frei	
369.	**Salpeter**		frei	
370.	**Drachenblut**		frei	
371.	**Santa Maria-Holz**		frei	
372.	**Sapanholz**		frei	
373.	**Sassaparille**		frei	
374.	**Sassafras**		frei	
375.	**Atlasholz**		frei	
376.	**Säuren**, nicht anderweit namentlich aufgeführt das Pfd.	0	0	1
377.	**Sandelholz**, nämlich:			

			£.	s.	d.
	rothes			frei	
	weifses oder gelbes			frei	
378.	Fleisch- und andere Würste			frei	
379.	Columnenstege	der Ctr.	0	1	0
380.	Scammonium			frei	
381.	Sämereien, nämlich:				
	Eicheln			frei	
	Anis			frei	
	Bohnen			frei	
	Kanariensaamen			frei	
	Kümmel	der Ctr.	0	5	0
	aus und von britischen Besitzungen	der Ctr.	0	2	6
	Mohrrüben-			frei	
	Klee-			frei	
	Colchicum			frei	
	Rübsaamen			frei	
	Coriander			frei	
	Croton-			frei	
	Cummin			frei	
	Dari			frei	
	Bockshornsaamen			frei	
	Waldsaamen			frei	
	Gartensämereien, nicht namentlich aufgeführte			frei	
	Grassaamen aller Art			frei	
	Hanfsaamen			frei	
	Lauchsaamen			frei	
	Linsen			frei	
	Lattich- (Salat-)			frei	
	Leinsaamen			frei	
	Lucerne			frei	
	Lupinen			frei	
	Hirse			frei	
	Senf			frei	
	Zwiebeln			frei	
	Petersilie			frei	
	Mohn			frei	
	Quittenkerne			frei	
	Raps			frei	
	Sesam			frei	
	Strauch- oder Baumsaamen			frei	
	Wicken			frei	
	Wurmsaamen			frei	
	Alle nicht namentlich aufgeführten Sämereien, aus denen gewöhnlich Oel geprefst wird			frei	
	alle andre Sämereien, die nicht besonders na-				

	£.	s	d.
mentlich aufgeführt oder bezeichnet und nicht anderweit mit einer Abgabe belegt sind . .		frei	
382. Semolina . . . . der Ctr.	0	0	4½
383. Sennesblätter		frei	
384. Schiffe, mit der zugehörigen Takelage und den Geräthschaften (ausgenommen Seegel) im abgebrochenen Zustande oder zum Abbruch bestimmt, fremde . . für jede 100 £ Werth	5	0	0
britische Schiffe oder Fahrzeuge, die berechtigt sind, als solche registrirt zu werden, jedoch nicht im vereinigten Königreich gebaut sind		frei	
385. Sumach		frei	
386. Seide, nämlich:			
Seidenabfälle		frei	
rohe Seide		frei	
gesponnene Seide, ungefärbte, einfache . . .		frei	
Tram-		frei	
Organsin- oder Krepp-		frei	
gefärbte, einfache oder Tramseide		frei	
Organsin- oder Krepp-		frei	
Putzwaaren aus Seide, oder wenn der gröſsere Theil des Materials Seide ist, nämlich:			
Kopfzeuge oder Hauben . . das Stück	0	3	6
Hüte . . . . das Stück	0	7	0
Kleider . . . . das Stück	1	10	0
Corah, Choppas, Bandannas und Tussore-Gewebe, nämlich:			
in Stücken nicht über 5¼ Yard lang das Stück	0	0	4
über 5¼ Yard und nicht über 6¼ Yard lang das Stück	0	0	6
über 6¼ Yard u. nicht über 7¼ Yard das Stück	0	0	8
über 7¼ Yard u. nicht über 8¼ Yard das Stück	0	0	9
über 8¼ Yard u. nicht über 9¼ Yard das Stück	0	0	10
und für jede Yard lang mehr . . die Yard	0	0	1½
chinesische Krepp-Shawls und Tücher, nämlich:			
schlicht und damascirt . . . . das Pfd.	0	3	0
gestickt . . . . das Pfd.	0	5	0
Damast . . . . die laufende Yard	0	0	8
Pongees, nämlich:			
in Stücken, nicht über 15 Yards lang das Stück	0	2	0
über 15 Yard und nicht über 21 Yard lang das Stück	0	3	0
über 21 Yard und nicht über 31 Yard lang das Stück	0	5	0

	£.	s.	d.
Taschentücher, schlicht und gemustert, in			
Stücken nicht über 9 Yard lang das Stück	0	1	6
über 9 Yard u. nicht über 18 Yard lang d. Stück	0	3	0
Waaren aus Seide, oder aus Seide und anderem Material, die nicht besonders namentlich aufgeführt oder anderweit mit einer Abgabe belegt sind, und die nicht in Artikeln bestehen, die ganz oder zum Theil fertig sind,			
für jede 100 £ Werth	15	0	0
aus und von britischen Besitzungen,			
für jede 100 £ Werth	5	0	0
Waaren aus Seide, oder aus Seide und irgend einem andern Material gemischt, die nicht besonders aufgeführt sind, oder anderweit mit Abgaben belegt sind, für jede 100 £ Werth	15	0	0
aus und von britischen Besitzungen,			
für jede 100 £ Werth	5	0	0
Waaren aus Seide oder aus Seide mit Metall oder anderm Material gemischt, als europäisches Erzeugnifs, nämlich:			
Seidenzeug oder Atlas, schlicht, gestreift, gemustert oder brocadirt, nämlich:			
breite Zeuge . . . . das Pfd.	0	5	0
Waaren daraus, die nicht anderweit namentlich aufgeführt sind das Pfd.	0	6	0
oder nach der Wahl der Zollbeamten			
für jede 100 £ Werth	15	0	0
Gaze oder Krepp, schlicht, gestreift, gemustert oder brocadirt, nämlich:			
breite Zeuge . . . . das Pfd.	0	9	0
Waaren daraus, die nicht anderweit namentlich aufgeführt sind . das Pfd.	0	10	0
oder nach der Wahl der Zoll-Beamten			
für jede 100 £ Werth	15	0	0
Gaze, gemischt mit anderm Seiden- und Atlasgewebe oder auch mit andern Materialien, wobei jedoch die Gaze weniger als die Hälfte des ganzen Gewebes ausmacht, nämlich:			
breite Zeuge . . . . das Pfd.	0	9	0
Waaren daraus, die nicht anderweit namentlich aufgeführt sind . das Pfd.	0	10	0
oder nach der Wahl der Zoll-Beamten			
für jede 100 £ Werth	15	0	0
Sammet, schlicht oder gemustert, nämlich:			
breite Waare . . . . das Pfd.	0	9	0

		£.	s.	d.
	Waaren daraus, nicht anderweit namentlich aufgeführt . . . . das Pfd.	0	10	0
	oder nach der Wahl der Zoll-Beamten für jede 100 £ Werth	15	0	0
	breite Waare, deren Grundgewebe ganz aus Baumwolle oder andern Materialien als Seide besteht . . . . das Pfd.	0	3	0
	Bänder, schlicht Seidene-, einfarbige das Pfd.	0	6	0
	schlichte Atlasbänder, einfarbige . das Pfd.	0	8	0
	Tafft- oder Atlasbänder, gestreift, gemustert oder brocadirt oder schlichte Bänder von mehr als einer Farbe . . . . das Pfd.	0	10	0
	Gaze oder Krepp, schlicht, gestreift, gemustert oder brocadirt . . . . das Pfd.	0	14	0
	Gaze mit Tafft, Atlasgewebe oder mit andern Materialien gemischt, wobei die Gaze weniger als die Hälfte des ganzen Gewebes ausmacht . . . . das Pfd.	0	12	0
	Sammet oder Seidengewebe mit eingepreſstem Sammet . . . . das Pfd.	0	10	0
	wenn das Grundgewebe davon ganz aus Baumwolle oder anderm Material als Seide besteht das Pfd.	0	3	6
	Modewaaren aus Seide, Petinet oder Tüll das Pfd.	0	8	0
	Waaren aus Seide oder aus Seide mit andern Materialien gemischt, Plüsch genannt das Pfd.	0	3	0
	schwarzer Plüsch (Velpel) gewöhnlich zur Verfertigung von Hüten gebraucht das Pfd.	0	1	0
	Sonnen- und Regenschirme . . . . das Stück	0	1	0
	Damast aus Seide und Wolle oder aus Seide und andern Materialien, zu Gardinen, Meubelbezügen u. s. w. . . . . das Pfd.	0	0	10
	Waaren aus Seide oder aus Seide mit andern Materialien gemischt, die nicht besonders namentlich aufgeführt oder mit einer Abgabe belegt sind, ... für jede 100 £ Werth	15	0	0
387.	Coconhäutchen		frei	
388.	Silbererz oder Erz, von welchem der gröſsere Theil dem Werthe nach in Silber besteht		frei	
389.	Felle, Rauchwerk und Schwänze, nämlich:			
	Dachs, unzubereitet		frei	
	Bär -		frei	
	Biber -		frei	
	Katzen -		frei	

	£.	s.	d.
Chinchilla -	frei		
Kaninchen -	frei		
Reh- und Hirsch-, unzubereitet	frei		
indianische, halb zubereitet	frei		
dergl. indianische loh- und weifsgahre oder sonst zugerichtete	frei		
Hunde, im behaarten Zustande, nicht gegerbt oder in irgend einer Weise zugerichtet . .	frei		
Hundsfisch, unzubereitet	frei		
Elend	frei		
Hermelin	frei		
Hermelin, zugerichtet	frei		
Zobel, amerikanische, unzubereitet	frei		
Iltis, unzubereitet	frei		
Fuchs, unzubereitet	frei		
Schwänze, unzubereitet	frei		
Ziegen, roh oder unzubereitet	frei		
loh- oder weifsgahr oder in irgend einer Art zubereitet	frei		
Gänse, unzubereitet	frei		
Hasen	frei		
Kängeru	frei		
Ziegenlämmer, behaarte, unzubereitet	frei		
zubereitet	frei		
und gefärbt oder bunt	frei		
Kolinski, unzubereitet	frei		
Lammfelle, bewollte, unzubereitet	frei		
loh- oder weifsgahr	frei		
und gefärbt oder bunt	frei		
mit Oel zubereitet (sämischgahr)	frei		
Leoparden, unzubereitet	frei		
Löwen -	frei		
Luchse -	frei		
Marder -	frei		
Marderschwänze -	frei		
Minx -	frei		
zubereitete	frei		
Maulwurf, unzubereitet	frei		
Musqua -	frei		
Nutria -	frei		
Otter -	frei		
Unze -	frei		
Panther -	frei		
Pelzwerk unzubereitet	frei		
loh- oder weifsgahr oder in irgend einer Art zubereitet	frei		

		£.	s.	d.
	Waschbär, unzubereitet	frei		
	Zobel -	frei		
	Schwänze oder Spitzen, unzubereitet . . .	frei		
	Seehund, behaarte, ungegerbt und in keiner Art zubereitet	frei		
	Schaaf, bewollte, unzubereitet	frei		
	loh- oder weifsgahr	frei		
	mit Oel zubereitet (sämischgahr)	frei		
	Eichhörnchen, sibirische, unzubereitet	frei		
	weifsgahr	frei		
	Schwänze unzubereitet	frei		
	Schwanen, unzubereitet.	frei		
	Tiger -	frei		
	Wiesel, unzubereitet	frei		
	Wolf -	frei		
	weifsgahr	frei		
	Wolvarenen, unzubereitet	frei		
	Felle und Rauchwerk oder Stücke von Fellen und Rauchwerk, nicht namentlich aufgeführt, nämlich:			
	roh oder unzubereitet	frei		
	loh- und weifsgahr oder in irgend einer Weise zubereitet	frei		
	Waaren, gefertigt aus Fellen und Rauchwerk .	frei		
390.	Schmalte	frei		
391.	Seife, nämlich:			
	harte . . . . der Ctr.	0	0	8
	weiche . . . . der Ctr.	0	0	8
	neapolitanische . . . . der Ctr.	0	0	8
	wohlriechende oder Toilettseife . . das Pfd.	0	0	2
392.	Soya . . . . die Gallon	0	0	6
393.	Feine Holzwaaren . . . . der Kubikfufs	0	0	6
394.	Musterstücke von Mineralien und Fossilien . . .	frei		
	zur Erläuterung der Naturgeschichte	frei		
395.	Schlangenholz	frei		
396.	Brillen	frei		
397.	Spiauter oder Zink, in rohen Stücken	frei		
	gewalzt ohne weitere Verarbeitung	frei		
	Zinkoxyd oder Zinkweifs	frei		
	Stäbe zu Bolzen	frei		
	Waaren daraus, nicht anderweit namentlich aufgeführt . . . . der Ctr.	0	2	0
398.	Spermaceti	frei		
399.	Spirituosen und geistige Getränke aller Art, nämlich:			
	für jede Gallon solcher Spirituosen oder geisti-			

	£.	s.	d.
ger Getränke von jeder Stärke, jedoch nicht über die Probestärke nach dem Hydrometer von Sykes, und so im Verhältnifs gröfserer oder geringerer, als Probestärke und für gröfsere oder geringere Quantitäten als eine Gallon, nämlich:			
Spirituosen und geistige Getränke, die nicht das Erzeugnifs britischer Besitzungen in Amerika, der Insel Mauritius oder britischer Besitzungen innerhalb des Gebiets der ostindischen Kompagnie sind, und die nicht versüfst oder in anderer Weise dergestalt versetzt sind, dafs der Stärkegrad derselben mittelst des Hydrometers nicht genau ermittelt werden kann, nämlich:			
Branntwein (französisch. Cognak) die Gallon	0	15	0
Wacholderbranntwein	0	15	0
andere Branntweine als die vorgenannten die Gallon	0	15	0
Spirituosen und andere geistige Getränke, Erzeugnifs irgend einer britischen Besitzung in Amerika oder der Insel Mauritius, wenn sie nicht versüfst oder in vorgedachter Art versetzt sind, nämlich:			
Rum,			
bei der Einfuhr in England die Gallon	0	8	2
bei der Einfuhr in Schottland die Gallon	0	5	0
bei der Einfuhr in Irland die Gallon	0	3	8
andere Spirituosen			
bei der Einfuhr in England die Gallon	0	8	2
bei der Einfuhr in Schottland die Gallon	0	5	0
bei der Einfuhr in Irland die Gallon	0	3	8
Rum, Erzeugnifs irgend einer britischen Besitzung innerhalb des Gebiets der ostindischen Kompagnie, in Bezug worauf die in der Akte 4. Vict. Cap. 8. enthaltenen Bedingungen erfüllt worden und die nicht versüfst oder, wie oben gedacht, versetzt sind:			
bei der Einfuhr in England . die Gallon	0	8	2
bei der Einfuhr in Schottland die Gallon	0	5	0
bei der Einfuhr in Irland . . die Gallon	0	3	8
Rum-Syrup (Punsch-Extrakt) obgleich versüfst, Erzeugnifs dieser Besitzungen und von daher eingeführt und unter der vorgedachten			

	£.	s.	d.
Einschränkung, oder aus u. von britischen Besitzungen in Amerika oder der Insel Mauritius			
bei der Einfuhr in England . die Gallon	0	8	2
bei der Einfuhr in Schottland die Gallon	0	5	0
bei der Einfuhr in Irland . . die Gallon	0	3	8
Spirituosen oder geistige Getränke, (ausgenommen Rum) Erzeugnifs irgend einer britischen Besitzung innerhalb des Gebiets der ostindischen Kompagnie, unter den obengedachten Einschränkungen, nicht versüfst oder in obengedachter Weise versetzt . . . die Gallon	0	15	0
Spirituosen, feine Liqueure od. geistige Getränke, die nicht das Erzeugnifs britischer Besitzungen in Amerika oder der Insel Mauritius, oder einer britischen Besitzung innerhalb der ostindischen Kompagnie sind, unter der obengedachten Einschränkung, versüfst oder, wie oben gedacht, versetzt und wohlriechende Spirituosen ausschliefslich zum Gebrauch als Parfümerie . . . . die Gallon	1	0	0
Geistige Getränke, ausgenommen Rum-Syrup, Erzeugnifs irgend einer britischen Besitzung in Amerika oder der Insel Mauritius, oder irgend einer britischen Besitzung unter den obengedachten Einschränkungen, versüfst, oder wie oben gedacht, versetzt die Gallon	1	0	0
Feine Liqueure, ausgenommen Rum - Syrup, Erzeugnifs irgend einer britischen Besitzung in Amerika oder der Insel Mauritius, oder irgend einer britischen Besitzung innerhalb des Gebiets der ostindischen Kompagnie, unter der obengedachten Einschränkung, versüfst oder in obgedachter Art versetzt die Gallon	0	9	0
Spirituosen und geistige Getränke, welche in das vereinigte Königreich eingeführt werden, die mit irgend welchen Ingredienzen versetzt sind, sollen, wenngleich sie hiernach unter andern Benennungen aufser Lackfirnifs vorkommen, nichtsdestoweniger als Spirituosen oder geistige Getränke betrachtet werden, und als solche der Abgabe unterliegen.			
400. Schwämme (Wasch-)	frei		
401. Meerzwiebeln, getrocknet	frei		
ungetrocknet	frei		

	£.	s.	d.
402. Stärke . . . . der Ctr.	0	0	4½
Stärke-Gummi, gedörrt oder calcinirt der Ctr.	0	0	4½
403. Läusekraut		frei	
404. Stearin, bis zum 5. April 1858, wenn nicht die Abgabe auf Talg früher aufgehoben wird, in welchem Falle die Abgabe wegfällt . . . . der Ctr.	0	3	6
nach dem 5. April 1858		frei	
405. Stahl, unverarbeiteter		frei	
verarbeiteter s. Eisen.			
Stahlabgänge		frei	
406. Steine, nämlich:			
Steine, in rohen Stücken und unbehauen . .		frei	
Schiefer in rohen Blöcken und Platten . .		frei	
behauen		frei	
Marmor, in rohen Blöcken oder Platten . . .		frei	
in Blätter geschnitten od. anderweit bearbeitet		frei	
Kalkstein		frei	
Asphaltblöcke		frei	
Feuersteine		frei	
Feldspath und Steine, zum Gebrauch bei der Erdgeschirrfabrikation		frei	
Kiesel		frei	
zur Lithographie		frei	
in Blöcken zugerichtet oder roh behauen .		frei	
Mühlsteine, roh		frei	
zugerichtet oder behauen		frei	
Quarz (zu Mühlsteinen) roh		frei	
zugerichtet oder behauen		frei	
Handmühlsteine, roh		frei	
zugerichtet oder behauen		frei	
Wölfe, roh		frei	
zugerichtet oder behauen		frei	
407. Stroh oder Gras zum Flechten		frei	
408. Succade, einschliefslich alle in Zucker eingemachte Früchte und Vegetabilen, die nicht anderweit mit einer Abgabe belegt sind, bis zum 5. Juli 1854 einschliefslich . . . . das Pfd.	0	0	2
von und nach dem 5. Juli 1854 . das Pfd.	0	0	1½

409. Zucker, nämlich:

Zucker oder Melasse, Erzeugnifs irgend einer britischen Besitzung, in welcher die Einfuhr fremden Zuckers verboten ist, bei der Einfuhr aus solcher Besitzung, nämlich:

Candis, brauner oder weifser, raffinirter

	£	s	d
Zucker oder Zucker, der mittelst irgend eines Verfahrens demselben in der Qualität gleich gemacht ist . . der Ctr.	0	13	4
Weiſser terrirter (gedeckter) Zucker oder Zucker, der mittelst irgend eines Verfahrens demselben in der Qualität gleich gemacht, jedoch nicht raffinirt oder dem raffinirten gleich ist, . . . der Ctr.	0	11	8
Muscovade oder anderer Zucker, der in Qualität dem weiſsen gedeckten Zucker nicht gleich ist . . . . . der Ctr.	0	10	0
Melasse . . . . der Ctr.	0	3	9
Zucker oder Melasse, Erzeugniſs irgend einer andern britischen Besitzung, bei der Einfuhr aus solcher, nämlich:			
Candis, brauner oder weiſser, raffinirter Zucker oder Zucker, der mittelst irgend eines Verfahrens demselben gleich gemacht ist, bis den 5. Juli 1854 einschlieſslich . . . . . . der Ctr.	0	15	4
von und nach dem 5. Juli 1854 der Ctr.	0	13	4
Weiſser terrirter (gedeckter) Zucker oder Zucker, der mittelst irgend eines Verfahrens demselben in der Qualität gleich gemacht, jedoch nicht raffinirt oder dem raffinirten gleich ist, bis zum 5. Juli 1854 einschlieſslich . . . . . der Ctr.	0	12	10
von und nach dem 5. Juli 1854 der Ctr.	0	11	8
Brauner terrirter (gedeckter) oder Zucker, der mittelst irgend eines Verfahrens demselben in der Qualität gleich gemacht, jedoch dem weiſsen gedeckten Zucker nicht gleich ist, bis zum 5. Juli 1854 einschlieſslich . . . der Ctr.	0	11	10
von und nach dem 5. Juli 1854 der Ctr.	0	10	0
Muscovade, oder anderer Zucker, der in Qualität dem braunen gedeckten Zukker nicht gleich ist, bis zum 5. Juli 1854 einschlieſslich . . . der Ctr.	0	11	0
von und nach dem 5. Juli 1854 der Ctr.	0	10	0
Melasse, bis zum 5. Juli 1854 einschlieſslich der Ctr.	0	4	2
von und nach dem 5. Juli 1854 der Ctr.	0	3	9
Zucker und Melasse, Erzeugniſs irgend eines fremden Landes, und aller Zucker u. Melasse,			

	£.	s.	d.
der nicht anderweit mit einer Abgabe belegt ist, nämlich:			
Candis, brauner oder weifser, raffinirter Zucker oder Zucker, der mittelst irgend eines Verfahrens demselben in der Qualität gleich gemacht ist, bis 5. Juli 1854 einschliefslich . . . . der Ctr.	0	17	4
von und nach dem 5. Juli 1854 der Ctr.	0	13	4
Weifser terrirter (gedeckter) Zucker oder Zukker, der durch irgend ein Verfahren demselben gleich gemacht, jedoch weder raffinirt, noch dem raffinirten gleich ist, bis 5. Juli 1854 einschliefslich . . der Ctr.	0	14	0
von und nach dem 5. Juli 1854 der Ctr.	0	11	8
Brauner terrirter (gedeckter) Zucker, oder Zucker, der mittelst irgend eines Verfahrens demselben in Qualität gleich gemacht, dem gedeckten weifsen Zucker jedoch nicht gleich ist, bis zum 5. Juli 1854 einschliefslich . . . . der Ctr.	0	13	0
von und nach dem 5. Juli 1854 der Ctr.	0	10	0
Muscovade, oder anderer Zucker, der in Qualität dem braunen gedeckten Zucker nicht gleich ist, bis zum 5. Juli 1854 einschliefslich . . . . der Ctr.	0	12	0
von und nach dem 5. Juli 1854 der Ctr.	0	10	0
Melasse, bis zum 5. Juli 1854 einschliefslich der Ctr.	0	4	6
von und nach dem 5. Juli 1854 der Ctr.	0	3	9
Die folgenden Abgaben sollen bei der Ueberführung nach der Insel Man unter denjenigen Bedingungen zurückgezahlt werden, welche die Kommissarien der königlichen Schatzkammer anordnen werden; dasselbe soll geschehen, von den verschiedenen nachgenannten Qualitäten Zukker, welcher in dem vereinigten Königreich fabrizirt, wovon die Eingangs-Abgabe bezahlt, u. die demnächst in's Ausland ausgeführt werden.			
Von raffinirtem Zucker in Broden, vollständig oder ganz, oder in Stücken, der gehörig raffinirt, vollkommen geklärt u. im Trockenraume durchgängig getrocknet u. der überall gleichmäfsig weifs ist, oder dergleichen Zukker in gestofsenem oder zerkleinertem Zustande, auch Candis . . für jeden Ctr.	0	12	6

		£.	s.	d.
	Von Bastard- oder raffinirtem Zucker, in Stükken zerbrochen, oder gemahlenem und pulverisirtem Zucker oder dergleichen Zucker in gestofsenem oder zerkleinertem Zustande für jeden Ctr.	0	10	0
410.	Schwefelabdrücke		frei	
411.	Lorbeerholz		frei	
412.	Talk		frei	
413.	Talg . . . der Ctr.	0	1	6
	aus und von britischen Besitzungen der Ctr.	0	0	1
	vegetabilischer		frei	
414.	Tamarinden		frei	
415.	Tapioca . . . der Ctr.	0	0	4½
416.	Theer		frei	
	barbadischer		frei	
417.	Wicken, s. Sämereien.			
418.	Trafs		frei	
419.	Weinstein-Säure		frei	
420.	Thee — bis zum 5. April 1854 einschliefslich, das Pfd.	0	1	10
	von und nach dem 5. April 1854 bis zum 5. April 1855 einschliefslich, . . . das Pfd.	0	1	6
	von und nach dem 5. April 1855 bis zum 5. April 1856 einschliefslich, . . . das Pfd.	0	1	3
	von und nach dem 5. April 1856 . . das Pfd.	0	1	0
	Ohne Vergütung für Gewichtsabgang.			
421.	Weberdisteln (Karden)		frei	
422.	Zähne, nämlich: Elephanten-		frei	
	Seekuh-, Seepferd-, oder Wallrofszähne		frei	
423.	Telescope		frei	
424.	Erden, nämlich: Terra japonica (Catechu)		frei	
	Terra de Siena		frei	
	grüne Erde		frei	
	Umbra		frei	
425.	Zwirn, der nicht anderweit namentlich aufgeführt oder bezeichnet ist		frei	
426.	Dachziegeln		frei	
427.	Zinn, Erz und regulinisches		frei	
	in Blöcken, Zeinen, Stangen und Platten		frei	
	Zinnfolie . . . der Ctr.	0	10	0
	Waaren daraus, die nicht anderweit namentlich aufgeführt sind	0	10	0
428.	Tincal, unraffinirter, s. Borax.			
429.	Taback — folgende Abgaben, mit 5 % darüber, nämlich:			
	unverarbeitet ohne Stängel und Rippen, das Pfd.	0	3	0
	mit den Stängeln . . . das Pfd.	0	3	0

		£.	s.	d.
verarbeitet, oder Cigarren	das Pfd.	0	9	0
Schnupftaback	das Pfd.	0	6	0
Stängel und Mehl		verboten		
Von Taback, der in dem vereinigten Königreiche zu geschnittenem Kraus-, Rollen- oder Carotten-Taback oder Cigarren verarbeitet ist, soll, wenn dergleichen Cigarren als Handelswaare in Kisten verpackt ausgeführt werden, die nicht weniger als 100 Pfd. Nettogewicht enthalten, oder wenn solche bei der Ausfuhr oder Verschiffung zu den Schiffsvorräthen gehören, ein Rückzoll gezahlt werden,	für das Pfd. von	0	2	7½
430. Tabackspfeifen, irdene			frei	
431. Zungen			frei	
432. Lackmus			frei	
433. Schildkrötenschalen, unverarbeitete			frei	
434. Spielzeug, nämlich:				
Klicker	der Ctr.	0	1	0
alles andere Spielzeug	der Kubikfuſs	0	0	4
435. Trüffeln			frei	
436. Tulpenholz			frei	
437. Gelbwurz			frei	
438. Drechslerwaaren, nicht anderweit bezeichnet,	der Kubikfuſs	0	0	4
439. Terpentin			frei	
venetianischer, chiotischer oder cyprischer			frei	
Oel oder Spiritus, s. Oel.				
440. Bindfaden			frei	
441. Ultramarin			frei	
442. Valonia			frei	
443. Vanellos			frei	
444. Lackfirniſs, welcher Alcohol oder Spiritus enthält,	die Gallon	0	12	0
nicht anderweit bezeichnet			frei	
445. Vasen, antike, nicht von Stein oder Marmor			frei	
446. Vegetabilien, alle, die nicht anderweit namentlich aufgeführt oder bezeichnet sind			frei	
in Salz eingemachte			frei	
447. Schreibpergament			frei	
448. Fourniere	der Ctr.	0	1	0
449. Grünspan			frei	
450. Sauretraubensaft			frei	
451. Nudeln und Maccaroni	der Ctr.	0	1	0
452. Zinnober, künstlicher			frei	

		£.	s.	d.
453. **Essig**	die Gallon	0	0	3
454. **Oblaten**			frei	
455. **Nufsbaumholz**			frei	
456. **Seifenkugeln**	das Pfd.	0	0	2
457. **Taschenuhren**, goldene, silberne, oder von anderm Metall, von höherm Werth als 10 £ das Stück,	das Stück	1	0	0
andere Taschenuhren, nämlich:				
Goldene mit offenen Zifferblättern,	das Stück	0	5	0
Jagduhren	das Stück	0	7	6
Repetiruhren.	das Stück	0	15	0
Silberne, oder von anderm Metall aufser Gold mit offenen Zifferblättern,	das Stück	0	2	6
Jagduhren	das Stück	0	3	6
Repetiruhren	das Stück	0	8	0
458. **Wasser**, kölnisches, die Flasche (wovon dreifsig nicht mehr als ein Gallon enthalten),	Stück	0	0	8
wenn nicht in Flaschen (Flacons) (nur wohlriechender Spiritus)	die Gallon	1	0	0
mineralisches			frei	
459. **Wachs**, nämlich: gebleichtes			frei	
ungebleichtes			frei	
Myrthen-			frei	
Siegellack			frei	
vegetabilisches Wachs			frei	
460. **Wau**			frei	
461. **Wallfischfinnen**			frei	
462. **Peitschenschnüre**			frei	
463. **Wein**, aus fremden Ländern, mit 5 % darüber, nämlich:				
rother	die Gallon	0	5	6
weifser	die Gallon	0	5	6
Hefen von dergleichen Wein .	die Gallon	0	5	6
als Erzeugnifs irgend einer britischen Besitzung u. direct daher eingeführt, mit 5 % darüber:				
rother	die Gallon	0	2	9
weifser	die Gallon	0	2	9
Hefen von solchem Wein . . .	die Gallon	0	2	9
Die volle Abgabe von Wein kann bei der Wiederausfuhr oder bei der Verschiffung als Proviant zurückgezahlt werden; auf Hefen wird jedoch kein Rückzoll bewilligt.				
464. **Draht**, nämlich: vergoldet oder platirt			frei	
Silber-			frei	
Kupfer- oder Messing-, s. Kupfer und Messing.				
465. **Waid**			frei	

	£.	s.	d.
466. Holz, Bau- und Nutzholz, die folgenden Abgaben, mit 5 % darüber, von allem Bau- und Nutzholz, Erzeugnifs der britischen Besitzungen, nämlich:			
Bau- und Nutzholz, aufser Bohlen, Latten, Brettern, Speichen, Rudern, Lattenholz oder anderm Bau- und Nutzholz, das gesägt, gespalten oder anderweit zugerichtet ist (behauenes ausgenommen) und das nicht anderweit mit einer Abgabe belegt ist, die Last von 50 Kubikfufs	0	7	6
aus und von britischen Besitzungen, die Last von 50 Kubikfufs	0	1	0
Bohlen, Latten, Bretter oder anderes Bau- und Nutzholz, gesägt oder gespalten, nicht anderweit mit einer Abgabe belegt, die Last von 50 Kubikfufs	0	10	0
aus und von britischen Besitzungen, die Last von 50 Kubikfufs	0	2	0

Statt der Feststellung des kubischen Inhalts hat der Einbringer zur Zeit der Abgabe der ersten Declaration in Beziehung auf Planken, Bohlen, Bohlenden, Latten uud Lattenenden, die nicht das Erzeugnifs britischer Besitzungen sind, die Wahl, dieselben nach Zahl, auf Grund einer Berechnung ihres Kubik-Inhalts nach der unten aufgeführten Scala zu declariren, in welcher Declaration dann die Zahl und die Dimensionen der in derselben begriffenen Stücke zu specificiren sind. Die mittelst gegenwärtiger Acte darauf gelegten Zölle sollen ermittelt, berechnet und angesetzt werden, für die Planken, Bohlen, Bohlenden, Latten u. Lattenenden, die in solcher Declaration begriffen sind, nach ihrem kubischen Inhalt, berechnet in Uebereinstimmung mit der gedachten Scala:

	Planken	Bohlen	Latten		
	3 × 11 Zoll und nicht über $3\frac{1}{4}$ × $11\frac{1}{2}$ Zoll Kubf.	3 × 9 Zoll und nicht über $3\frac{1}{4}$ × $9\frac{1}{2}$ Zoll Kubf.	3 × 7 Zoll und nicht über $3\frac{1}{4}$ × $7\frac{1}{4}$ Zoll Kubf.	$2\frac{1}{2}$ × 7 Zoll und nicht über $2\frac{5}{8}$ × $7\frac{1}{4}$ Zoll Kubf.	$2\frac{1}{2}$ × $6\frac{1}{2}$ Zoll und nicht über $2\frac{5}{8}$ × $6\frac{5}{8}$ Zoll Kubf.
nicht über 4 Fuſs lang, die 120	115	95	73	61	57
über 4 Fuſs und nicht über 5 Fuſs lang, die 120	144	118	91	77	71
über 5 Fuſs und nicht über 6 Fuſs lang, die 120	173	142	110	92	86
über 6 Fuſs und nicht über 7 Fuſs lang, die 120	202	165	128	107	100
über 7 Fuſs und nicht über 8 Fuſs lang, die 120	231	189	146	123	114
über 8 Fuſs und nicht über 9 Fuſs lang, die 120	260	213	165	138	128
über 9 Fuſs und nicht über 10 Fuſs lang, die 120	288	236	183	153	143
über 10 Fuſs und nicht über 11 Fuſs lang, die 120	317	260	201	169	157
über 11 Fuſs und nicht über 12 Fuſs lang, die 120	346	284	220	184	171
über 12 Fuſs und nicht über 13 Fuſs lang, die 120	375	307	238	200	185
über 13 Fuſs und nicht über 14 Fuſs lang, die 120	404	331	256	215	200
über 14 Fuſs und nicht über 15 Fuſs lang, die 120	433	354	274	230	214
über 15 Fuſs und nicht über 16 Fuſs lang, die 120	462	378	293	246	228
über 16 Fuſs und nicht über 17 Fuſs lang, die 120	490	402	311	261	242
über 17 Fuſs und nicht über 18 Fuſs lang, die 120	519	425	329	276	257
über 18 Fuſs und nicht über 19 Fuſs lang, die 120	548	449	348	292	271
über 19 Fuſs und nicht über 20 Fuſs lang, die 120	577	473	366	307	285
über 20 Fuſs und nicht über 21 Fuſs lang, die 120	606	496	384	322	300

	£.	s.	d.
Faſsstäbe über 72 Zoll lang, 7 Zoll breit oder 3¼ Zoll stark . . die Last von 50 Kubikfuſs	0	9	0
aus und von britischen Besitzungen, die Last von 50 Kubikfuſs	0	2	0
Faſsstäbe, nicht über 72 Zoll lang, 7 Zoll breit und 3¼ Zoll stark		frei	
birkene und kiehnene, behauen, nicht über 3 Fuſs lang, noch 8 Zoll □ lediglich zu Heringsfässern, zum Gebrauch der Fischerei . . .		frei	
Brennholz . . . der Faden von 216 Kubikf.	0	6	0
aus und von britischen Besitzungen der Faden von 216 Kubikf.		frei	
Handspeichen, nicht über 7 Fuſs lang die 120 Fuſs	0	6	0
aus und von britischen Besitzungen die 120	0	0	6
über 7 Fuſs lang . . . . die 120	0	12	0
aus und von britischen Besitzungen die 120	0	1	0
Reifen		frei	
Kniehölzer, unter 5 □ Zoll . . . . . die 120	0	3	0
aus und von britischen Besitzungen die 120	0	0	3
5 und unter 8 □ Zoll . . . . . die 120	0	12	0
aus und von britischen Besitzungen die 120	0	1	0
Lattenholz . . . . der Faden von 216 Kubikf.	0	12	0
aus und von britischen Besitzungen der Faden von 216 Kubikf.	0	1	0
Ruder . . . . die 120	2	5	0
aus und von britischen Besitzungen die 120	0	3	9
Rundholz und Stangen unter 22 Fuſs lang und unter 4 Zoll Durchmesser . . . . die 120	0	6	0
aus und von britischen Besitzungen die 120	0	0	6
22 Fuſs und darüber lang, und unter 4 Zoll Durchmesser . . . . die 120	0	12	0
aus und von britischen Besitzungen die 120	0	1	0
von jeder Länge, 4 und unter 6 Zoll Durchmesser . . . . die 120	1	4	0
aus und von britischen Besitzungen die 120	0	2	0
Radspeichen, nicht über 2 Fuſs lang die 1000	1	4	0
aus und von britischen Besitzungen die 1000	0	1	0
über 2 Fuſs lang . . . . . . die 1000	2	8	0
aus und von britischen Besitzungen die 1000	0	2	0
Trakholz		frei	
Holzabfälle, nämlich: Knüppel und Buschholz zum Gebrauch beim Stauen		frei	
Zum Schiffbau:			
Sehnige Borke (Stringy Bark) rothes und blaues Schotendornholz, grünes Hirschholz,			

		£.	s.	d.
	Moor- und Heuschreckenbaumholz u. Hölzer, die früher zu demselben Zoll zugelassen wurden, wie Trakholz		frei	
	Hölzerne Nägel zum Schiffbau von sehniger Borke, von rothem und blauem Gummiholz und von Heuschreckenbaumholz, und alle dergleichen Nägel, aus und von britischen Besitzungen		frei	
	Schaufelstiele		frei	
	Gehobelte und anderweit zugerichtete u. zum Gebrauch vorbereitete Hölzer, die nicht besonders namentlich aufgeführt od. anderweit mit einer Abgabe belegt sind p. Kubikfufs	0	0	2
	und aufserdem für jede 100 £ Werth	10	0	0
	aus und von britischen Besitzungen für jede 100 £ Werth	5	0	0
467.	Wolle, nämlich:			
	vom Alpaca und dem Lamageschlecht		frei	
	Biberhaare		frei	
	geschnitten und gekämmt		frei	
	Kaninchenhaar		frei	
	Baumwolle und Abgänge davon		frei	
	Ziegenwolle oder Haare		frei	
	Haasenhaare		frei	
	Schaaf- oder Lammwolle		frei	
468.	Wollene Waaren, nämlich:			
	Waaren aus Wolle (mit Ausnahme der Ziegenwolle) oder aus Wolle mit Baumwolle gemischt, nicht besonders namentlich aufgeführt, und nicht anderweit mit einer Abgabe belegt		frei	
	Artikel oder Waaren aus Wolle (mit Ausnahme von Ziegenwolle) oder aus Wolle mit Baumwolle gemischt, nämlich:			
	Teppiche und Fufsdecken die ☐ Yard	0	0	6
	Shawls und Tücher, schlicht . das Pfd.	0	0	4
	bedruckt . . . . das Pfd.	0	0	8
	Handschuhe . . . . das Dutzend Paar	0	0	3
	Ganz oder theilweise zum Gebrauch fertig und nicht anderweit mit einer Abgabe belegt für jede 100 £ Werth	5	0	0
469.	Garn, Kabeltau-Garn		frei	
	Kämel- oder Mohairgarn		frei	
	rohes leinenes		frei	
	seidenes und Kammgarn, zusammengesponnen und nicht gefärbt		frei	

		£.	s.	d.
	wollenes Stickgarn (Kammgarn) . . das Pfd.	0	0	6
	roh, nicht gefärbt oder nur theilweise gefärbt und zur Stickerei und zu Modeartikeln nicht geeignet		frei	
470.	Hefe (Bärme), getrocknete		frei	
471.	Zaffra		frei	
472.	Zebraholz		frei	
473.	Waaren, die ganz oder theilweise fabrizirt und nicht namentlich aufgeführt oder bezeichnet, noch anderweit mit einer Abgabe belegt und zur Einfuhr und zum Verbrauch in Grofsbritannien und Irland nicht verboten sind . . . für jede 100 £ Werth	10	0	0
474.	Waaren, die weder ganz noch theilweise fabricirt und nicht namentlich aufgeführt oder bezeichnet, noch anderweit mit einer Abgabe belegt und zur Einfuhr und zum Verbrauch in Grofsbritannien und Irland nicht verboten sind		frei	

Uebersicht (B).

Abgaben zur Anwendung auf die Insel Man.

		£.	s.	d.
1.	Kaffee, insofern die Eingangs-Abgaben davon in Grofsbritannien und Irland nicht bereits bezahlt sind das Pfd.	0	0	2
2.	Getreide, nämlich: Weizen, Gerste, Wintergerste, Hafer, Roggen, Erbsen, Bohnen, Buchweizen, Mais oder indianisches Korn . . der Quarter	0	1	0
	Weizen-, Gersten-, Hafer-, Roggen-, Erbsen-, Bohnen-, Buchweizen- und Maismehl der Ctr.	0	0	4½
3.	Hanf		frei	
4.	Hopfen aus Grofsbritannien und Irland		frei	
5.	Eisen		frei	
6.	Spirituosen, nämlich:			
	Branntwein (französischer Cognac), Wacholder-Branntwein und alle Spirituosen, ausgenommen feine Liqueure und wohlriechende Spirituosen . . . . die Gallon		frei	
	Rum und Rumsyrup (Punschextract) aus britischen Besitzungen	0	3	8
	britische oder irische Spirituosen, die aus einer zollfreien öffentlichen Niederlage in dem vereinigten Königreich eingeführt werden die Gallon	0	3	0
	Wenn dergleichen Spirituosen nicht die Probestärke nach dem Hydrometer von Sykes über-			

		£.	s.	d.
	steigen, und so im Verhältnifs für eine gröfsere oder geringere als die Probestärke oder für eine gröfsere oder geringere Quantität, als eine Gallon.			
7.	Kölnisches Wasser pro Flasche (Flacon) (wovon 30 nicht über 1 Gallon enthalten) die Gallon	0	0	4
8.	Liqueurs und wohlriechende Spirituosen die Gallon	0	10	0
9.	Zucker, nämlich:			
	Moscovade . . . . der Ctr.	0	1	0
	Candis, weifser oder brauner, raffinirter Zucker oder Zucker, der durch irgend ein Verfahren dem raffinirten gleich gemacht ist, fremder oder britischer . . . . der Ctr.	0	8	0
	von und nach dem 5. Juli 1854 . . der Ctr.	0	3	0
10.	Thee . . . . das Pfd.	0	1	0
	von und nach dem 5. Juli 1854 . . das Pfd.	0	0	6
11.	Taback, nämlich:			
	unfabrizirt . . . . das Pfd.	0	1	6
	fabrizirt . . . . das Pfd.	0	4	9
	Cigarren . . . . das Pfd.	0	4	9
12.	Wein . . . . das Fafs von 252 Gallons	12	0	0
13.	Holz aller Art			
14.	Güter und Waaren, die aus Grofsbritannien oder Irland eingeführt werden und bei der Ausfuhr von dort Anspruch auf Accise, Bonifikation und Rückzoll haben und die hierin nicht namentlich aufgeführt oder mit einer Abgabe belegt sind . .		frei	
15.	Güter und Waaren, die das Natur- oder Gewerbserzeugnifs Grofsbritanniens oder Irlands sind, von dort eingeführt werden und hierin nicht mit einer Abgabe belegt sind		frei	
16.	Güter und Waaren, die, ohne Natur- oder Gewerbserzeugnifs Grofsbritanniens oder Irlands zu sein, von dort eingeführt werden, nachdem sie daselbst zum Verbrauch deklarirt und verabgabt worden		frei	
17.	Güter und Waaren, die aus irgend einem Orte eingeführt werden, aus welchem dergleichen Güter in die Insel Man gesetzlich eingeführt werden dürfen und die hierin nicht mit einer Abgabe belegt oder für abgabenfrei erklärt worden sind für jede 100 £ Werth derselben	15	0	0

Alphabetisches Register zur Uebersicht A.

Kolibri 360 GmbH
Ferdinand-Jühlke-Straße 7
99095 Erfurt, Deutschland
produktsicherheit@kolibri360.de